Andreas Sticklies (Hg.)
http://www.sticklies.net

präsentiert

Reiner Flachs

Volles Rohr gedichtet

Titelbild: Andreas Sticklies

Alle Rechte , insbesondere des Vortrags, Neudruck, Übertragung in fremde Sprachen, Vervielfältigung durch Druck, Kopie, Telemedien, auch auszugsweise, vorbehalten.

Herstellung und Verlag: Books on Demand GmbH, Norderstedt
ISBN 3-8334-0754-9

Reiner Flachs

Volles Rohr gedichtet

Gedichte aus den
Siebzigern
Achtzigern
Neunzigern
und
Nullern

Inhalt

<h1 style="text-align:center">Vorwort</h1>

Als Installateur - oder Klempner, wie man im Volksmund sagt, habe ich das Dichten von der Pike auf gelernt. Sie denken jetzt wahrscheinlich „Der ist nicht ganz dicht" - aber nein, Sie haben recht. In gewisser Weise gibt es Parallelen beim Dichten von Rohren und Dichten von Sprache. Zum Beispiel wusste ich schon früh, das man Rohre am besten mit Hanf dichtet und mancher Dichter dichtet ebenfalls ...
Aber es gibt beispielsweise auch Kunststoffdichtungen und die eine oder andere Dichtung eines Dichters, bietet als Kunst auch Stoff für Gespräche und ähnliches. Oder Gummidichtungen, haben sie nicht auch manchmal das Gefühl, das manche Gedichte langgezogen sind wie ein Kaugummi - oder zäh, wie Leder ? Lederdichtungen gibt es im Installationsbereich auch - sind aber eher im aussterbenden Bereich zu finden.
Die Kommaregel lernte ich ebenfalls in dieser ersten Periode meines Lebens, nämlich in der Lehre. Der Geselle sagte zu mir: „Ich wills mal auf den Punkt bringen, es gibt bei uns eine Regel, die besagt, wenn ich sag: >Komma her<, dann machst Du das, ohne wenn und aber, verstanden " ?. Als ich ihm schließlich beim ersten Mal, als er dieses rief, ein auf Papier gemaltes Komma überreichte, fragte er nicht nur sich, sondern auch mich, ob ich nicht ganz dicht wäre. Und obwohl man es ja nicht tun soll, antwortete ich ihm mit einer Gegenfrage: „Warum will ich wohl Installateur werden" ?
Und damit sind wir wieder am Anfang, denn wie ich Ihnen ja schon Eingangs unterstellte, denken Sie auch jetzt wahrscheinlich immer noch „Der ist nicht ganz dicht" und ich kann wiederum nur antworten - aber nein, Sie haben recht.

Aal

Ich schwamm mit einem Schwamm
in einem kleinen See
und plötzlich irgendwann
stieß etwas an mein Zeh

Ich dachte mir jetzt guck doch mal
und tauchte einfach unter
da lutschte doch ein Brillenaal
an meinem Fuß - recht munter

„Hey du kleines Schlangentier"
sprach ich zu diesem Wesen
„nun sag mir mal was machst du hier
du wirkst doch so belesen"

Da schaute mich der Aalmann an
fing langsam an zu strahlen
„Ich lebte einst hinter dem Damm
der Bundesbahn bei Aalen

Dort warfen viele fremde Leute
den Müll zum Fenster raus
Geschriebenes war meine Beute
ich suchte mir das Beste aus

Als ich genug gelesen hatte
und so allein im Seegras laach
meinte in mir die Leseratte
schreib doch ein Aalmanach

Gesagt getan - Erfolg und Ruhm
man schenkte mir zum Dank den See
hier drin darf niemand etwas tun
sonst beiß ich in die Zeh"

Und ich verstand die Anspielung
stand ja auf einem Warnschild drauf
murmelte kurz „Entschuldigung"
und tauchte wieder auf

Ich schwamm nach Hause - ohne Schwamm
und dachte drüber nach
und kaufte neulich irgendwann
ein schönes Aalmanach

Alles im Dutt

Es spielte einst der Harald Haar
auf seinem Kamm ganz leise
mit einem Mundhaar >Monika<
die altbekannte Weise

dabei frisierte er Frau Dicht

Es spielte einst der Harald Haar
mit seinen vielen Bürsten
zugleich drehte der Scherenstar
der Kundin Haar zu Würsten

in Achselhöhlen brennt kein Licht

Es spielte einst der Harald Haar
mit seiner Kundin Poker
und der Gewinner war bald klar
er zeigte ihr den Joker

rasierte sie - nicht im Gesicht

Es spielte einst der Harald Haar
dadurch mit seinem Leben
der Ehemann wurd es gewahr
und der erstach ihn eben

Haar leluja

Anglerglück

Wär ich ein Fischelein
und lebte noch im Rhein
und fing mich irgendwann
ein Angler dann
würd ich ihm dankbar sein

Aushilfe

Ist der Gatte nicht zu Haus
hilft schon mal der Nachbar aus
tut des Ehemannes Pflicht
doch der Kerl bedankt sich nicht
was ich mir nur so erkläre
das der nichts weiß - von der Affäre

Ballermann

Es lebte einst ein Ballermann
mit seiner Ballerina
in Spanien mit viel Lebertran
die Ehefrau hieß Tina

Es lebte einst ein Ballermann
mit seiner Ballerina
auf Mallorca wo schön warm
die Ehefrau hieß Tina

Es lebte einst ein Ballermann
mit seiner Ballerina
vergiftet wurden beide dann
mit einer Flasche Lebertran
der reichen Witwe Tina

C - T

Es war der dicke C
verliebt in eine Tasse T
doch diese sprach zu ihm: „Ich g
denn eines sagt mir meine Näse
du riechst mir viel zu sehr nach Käse
a d"

Dichter Talerbar

Mancher glaubt - für sich allein
handwerklich begabt zu sein
und so folgt er voller Liebe
seinem starken Basteltriebe

So auch Knut von Talerbar
der seines Zeichens Dichter war
und sparsam bis ins letzte Glied
weshalb er auch den Klempner mied

Sei es einer Brause wegen
Wasserrohre zu verlegen
oder Gasherd anzuschließen
alte Muffen zu vergießen
dies und viele andre Sachen
alles wollt er selber machen

Als jetzt neulich Tante Spar
endlich eingeschlafen war
also abtrat aus dem Leben
sprich den Löffel abgegeben
erbte Knut nun, ei der daus
Tante´s kleines, altes Haus

Kaum war rechtlich alles klar
stand er mit dem Werkzeug da

Denn nun hieß es renovieren
Decken streichen, Tapezieren
Kabel legen und verstecken
Wasserrohre abzuchecken
und zur Not, bei diesen Dingen
auch einmal den Hammer schwingen

Dies hier wäre nicht geschrieben
hätte Knut nicht übertrieben
doch er musste sich beweisen
bog die Rohre, schnitt das Eisen
das aus unbestimmtem Zwecke
gerade in der Zwischendecke
wo die Leitung hingehörte
seine Wirkungskreise störte

Also raus mit diesen Sachen
die dem Manne Ärger machen

So, nun war es fast geschafft
und mit etwas Körperkraft
noch ein Röhrchen eingezogen
in den Hohlraum, bis zum Bogen
wo er jenes dann verschraubte
bis es dicht sei, wie er glaubte

Hätte er doch nur gesichtet
ob die Leitung gut gedichtet
schon mit einer Taschenleuchte
sähe man die erste Feuchte
wenn das Wasser aufgedreht
doch für ihn war dies zu spät

Hatte Knut doch unverdrossen
alle Löcher erst verschlossen
das er keine Zeit verlöre
und der Dreck nicht weiter störe
ja er wollte, kurzer Dinge
alles sauber, wenn es ginge

Nachts darauf fing irgendwann
Tropf für Tropf zu tropfen an
bald schon leise durch die Decken
wohl um Knut nicht aufzuwecken
knacken, zischen, zögernd bloß ...

... doch - dann brach die Hölle los
krach und bruch und splitterknall
Wasserfluten überall
Kabel schwirrten durch den Raum
Knut fuhr hoch, aus tiefstem Traum
kurz noch sah er Funken sprühen
dann schien alles hell zu glühen
Strom durchschlug ihn, bis zur Sohle
schreiend barst die Deckenbohle ...

krakrawumm   -
da brach das Haus entzwei

          ...

und - die Ruhe trat herbei

(nur bei näherem belauschen
hörte man noch Wasser rauschen)

Nachruf:

Geld wie Heu - ein Sarg aus Zinn
und er wurd Fünfzig - immerhin

Merke (mit erhobenem Zeigefinger ;-) :

Ein guter Dichter kann mitnichten
so hier und da mal schnell was Dichten
denn geht`s um Rohre, nicht um Reim
sollt nur ein Klempner - Dichter sein

Dieb

Er klaute Niet und Nagel
Erbsen, Kohl und Spargel
Richterrobe und Talar
Jesuskreuz und Traualtar
Parlament und Bundeswehr
Ozean und Totes Meer

Ich war an einem dieser Orte
nun fehlen mir die Worte

Die schönste Sache der Welt

Als ich Deinen Rücken kraulte,
hast Du Dich gerekelt.
Als ich Deinen Mund berührte,
hast Du mich geküsst.
Als ich Deinen Hals umwarb,
hast Du gelächelt.
Als ich Deine Ohrläppchen liebkoste,
hast Du Dich gewunden.
Als ich Deine Achselhöhlen neckte,
hast Du gekichert.
Als ich Deine Brüste streichelte,
hast Du Dich gestreckt.
Als ich Deine Brustwarzen verwöhnte,
hast Du geseufzt.
Als ich Deinen Bauchnabel umspielte,
hast Du mein Haar gestreichelt.
Als ich Deine Innenschenkel berührte,
hast Du leise gestöhnt.

Als ich mich
zwischen Deine Beine vorgeküsst hatte,
schobst Du mich zur Seite
und sagtest:

„Geh weg, Lindenstraße fängt jetzt an"

Eimer

Ein Eimer und ein Zweimer
die taten sich zusammen
auf eimar kam ein Dreimer
und der, der tatse rammen

Und dieses tat er zweima
nun sind alle drei im Eima

(Ich habe gehört, das Eima sei bei Eimern das Gleiche, wie bei den Menschen das Nirwana.)

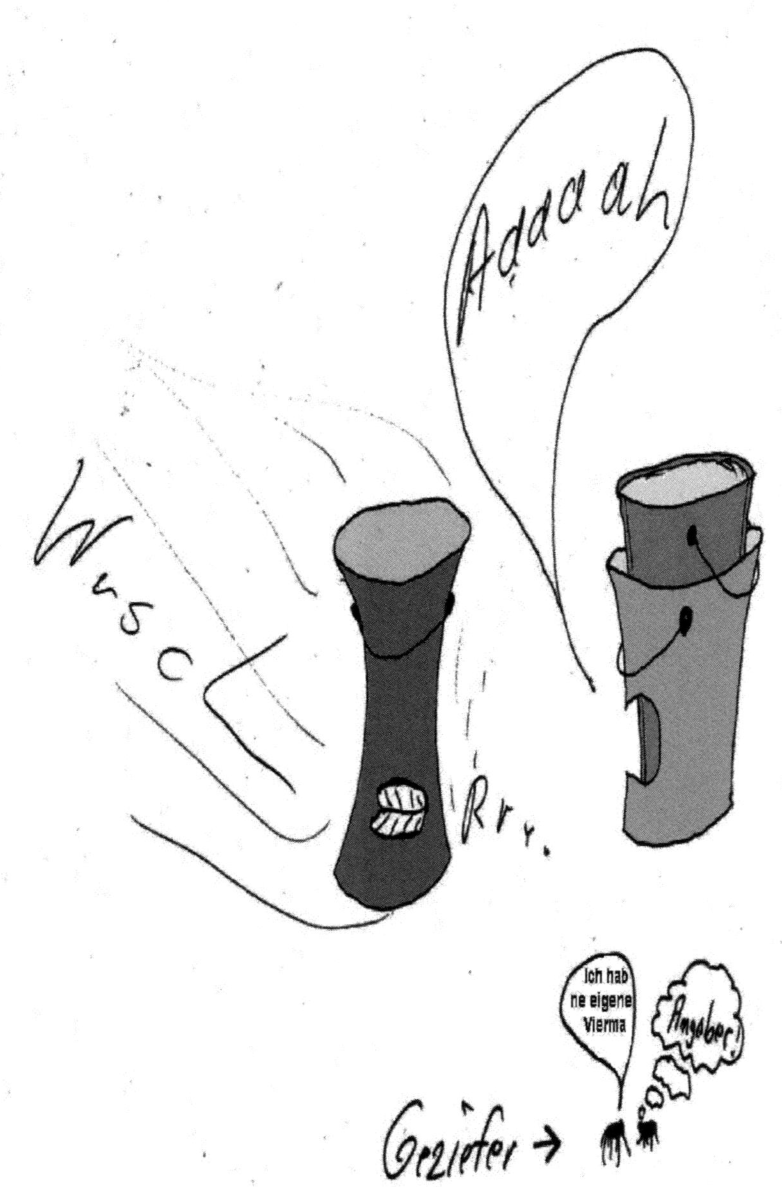

22

Ein Stück Metall

Ein Stück Metall
von Pulver angetrieben
mit starkem Drall
dem Lauf entronnen
bohrt sich knirschend und mit Macht
dem Mann im Sessel in`s Gehirn

Die Augen weiten sich noch kurz
bevor sie brechen

dann sackt der Kopf nach vorn

Erst nichts -
dann fließt die rote Farbe
feuchtet das weiße Unterhemd
das stramm über dem Bauch gespannt
und sich sofort verfärbt

Die Flasche, die eben noch zum Mund geführt
verlässt die Hand in Richtung Fuß

Die Zigarette, grad qualmend noch im Ascher
wird nun von zarter Hand erdrückt

Aus dem Fernsehn hört man:

Tooooor

Ene mene
(Gedicht zur Jahrtausendwende)

Ene mene Megabyte
nun ist wieder Weihnachtszeit
Didel dadel schrumm schrumm schrumm
um ist das Millennium

Er gab

Er gab ihr Liebe
gab ihr Geld
und gab ihr seinen Namen
er gab ihr alles auf der Welt

doch sie fiel aus dem Rahmen

so gab er bald drauf – kurz und knapp
auch noch den Löffel für sie ab.

Europa

Europa sah ich heut im Traum
sie trübte meinen Sinn
war dort die Schönste aller Frau`n
drum gab ich mich ihr hin

Sie wollte von mir keine Prosa
sie wollte mich und meinen Leib
ich war schon weg, als ich den Po sah
womit ich nicht mal übertreib

Ich war ihr voll und ganz verfallen
Europa lieben fiel nicht schwer
die mannigfachste Form von allen
ich war ihr treuster Europäer

Doch hat der Wecker grad geschrillt
ich falle in ein Loch
Reales hat den Traum gekillt
Europa streitet noch

Falschaussage

Was heißt denn einglich Krankenschein ?
was hat er zu bedeuten ?
bracht man ihn denn um krank zu sein ?
erzählt man das den Leuten ?
Und was hat bloß das >schein< zu sagen ?
soll das denn ´ne Veralbrung sein ?
Scheinkrank zu sein kommt da zum Tragen
das find ich aber gar nicht fein
Man ist doch nur zum Scheine krank
in sehr geringem Maße
selbst Rocker, Popper, Skin und Punk
die sind es nicht zum Spaße
Drum bin ich auch ab heut dafür
das will ich gern bekennen
das wir, wofür ich echt plädier
ihn Kranken**kein**schein nennen

Gans erstaunlich

Eine bratenbraune Gans
macht sich auf meinem Teller breit
packt Rotkohl auf die eine
Kartoffeln auf die andere Seite
und räkelt sich in ihrem Fett

ich bekomme Gänsehaut

Glaubenssache

16 leere Stühle
-schwüle-
die gläubigen frommen
Propheten kommen

16 Gläubige sitzen
-schwitzen-
und ein jeder Glaubensmann
zündet sich ´ne Kerze an

16 Propheten
-beten-
und loben den Herrn
das machen sie gern

Sie ziehn sich zurück
und gehen hinaus
der Diener bläst allen die Lichter aus

Haiku

Die Zeit ist nun reif
ich ernte blaue Bohnen
und fall in das Kraut

Heiße Liebe

Und er ging für sie durchs Feuer
ist durch jede Glut gerannt
doch für ihn kam bald ein Neuer
denn er war völlig abgebrannt

Dein Ex
war ja ein
heisser
Typ

Herbsterlebnis

Die Blätter purzeln von den Bäumen
die Äste werden langsam kahl
das Land versinkt in Winterträumen
der Herbst ist da, schon wieder mal

Ein Frosch hüpft vor mir durch das Laub
ein Laubfrosch um genau zu sein
und während ich am Fahrrad schraub
springt er in unsern Brunnen rein

Das so ein Laubfrosch Wasser nutzt
war mir bis heute gar nicht klar
ich schau hinein und bin verdutzt
denn plötzlich ist er wieder da

Was ich nun seh scheint mir bekannt
golden schimmert eine Kugel
ich nehm das Rundstück in die Hand
und denk an Zaster und an Rubel

Da spricht zu mir das Rumhüpftier
„eh du jetzt auch von dannen rennst
das ist nur Messing glaube mir
es ist nicht alles Gold was glänzt"

Hosenschein

In meiner Hose ganz zerknittert
da steckt ein Schein und ist verbittert
nicht nur weil ich furchtbar schwitz
nein – auch weil ich auf ihm sitz
deshalb fühlt er sich so bedrückt
und ist wohl daher so geknickt

Irrtum

Wenn wir auf der Wiese liegen
und die Grashalme verbiegen
uns von der Sonne schmoren lassen
und unsre Partnerin anfassen
dann eine gescheuert kriegen
wissen wir - das wir falsch liegen.

Jahresende

Wenn der Dezember wieder naht
die Nikoläuse tiefer fliegen
und aus Kartoffeln wird Salat
werden auch sie ihr Fett abkriegen

Bloß keine Angst vor dem Gewissen
Knecht Ruprecht fühlt sich auch nicht gut
es geht ihm regelrecht bescheiden
wenn er dann seine Arbeit tut

Doch es gibt hin und wieder Wege
die Qual der Schmerzen zu bekämpfen
das heißt die vielen Rutenschläge
beim Anti - Ruprecht - Club zu dämpfen

Seit kurzem gibt es den Verein
und zwar im schönen Städtchen Olfen
da mildert man die Prügeleien
da werden sie geholfen.

Käse

Der Käse ist hin
die wollen mich linken
nur Löcher drin
das tut mir stinken

Kein Stich

Boris Becker schlägt den Ball
mit Überschall
darum erreicht ihn nich
der Stich

Klopapier

Wär ich ne Rolle Klopapier
und hing zu Deiner Linken
und putzt Du dann Dein Po mit mir
das würd mir ganz schön stinken

Kribbeln im Bauch

Ich hab so ein Kribbeln in meinem Bauch.

Das kommt von den fettigen Pommes
die werden im Altöl frittiert.

*Ich habe keine gegessen
und doch hab so ein Kribbeln im Bauch.*

Das kommt von dem schmierigen Softeis
das ist salmonellenverseucht.

*Ich hab überhaupt keins verspeist
und hab trotzdem dieses Kribbeln im Bauch.*

Das kommt doch alles nur vom Saufen
das schlägt wohl auf deine Leber.

*Ich hab aber gar nichts getrunken.
Ich habe so ein Kribbeln im Bauch
immer nur, wenn ich dich seh
und sonst nie.*

Na dann ist es klar
dieses Kribbeln im Bauch
immer nur wenn du mich siehst
und sonst nie
ist doch logisch -
`ne Allergie

kurvenreich

ach sind ihre kurven klasse
nicht nur männer komm zu hauf´
frauen sieht man in der masse
jeder darf mal auf sie rauf

ihr geruch bringt mich auf touren
jedes mal ein großes ding
lasse auf ihr meine spuren
ich lieb die bahn
des nürburgring

Langeweile

Die Stimmung ist trübe
das Wetter auch
ich ess eine Rübe
sie landet im Bauch

Literat

Ein Literat steht vor Gericht
beklagt sich aber selber nicht
das macht für ihn der Staatsanwalt
dafür kassiert er Staatsgehalt

So schmettert er die Klage vor
und trifft des Literaten Ohr

Mit Federkiel und mit bedacht
hätt er den Eismann kalt gemacht

Er würd hier zwar die Finger heben
und damit seinen Eid abgeben
er hätte nie von ihm gehört
doch zählt es nichts wenn dieser schwört

Denn schließlich müsse man Gewichten
ein solcher Mensch erzählt Geschichten
die kann er sich aus Fingern saugen
und deshalb nicht zur Wahrheit taugen

Ein Literat steht vor Gericht
beklagt sich aber selber nicht
denkt lächelnd an den Staatsanwalt
>und dich mach ich als nächstes kalt<

Läuse

Menschen mögen gerne Mäuse
Knete ist - was viele eint
Künstler schwärmen auch für Läuse
Gattung App ist hier gemeint

Magendruck

Ich sitz daheim auf meinem Klo
und ich wäre echt heilfroh
wenn der Druck im Bauch sich löse
denn wenn nicht, dann wird ich böse
und ich presse und ich drücke
endlich lösen sich auch Stücke
und es platscht in meinem Rücken
und ich hör nicht auf zu drücken
und ich bin schon ganz benommen
hab schon zwei Pfund abgenommen
endlich ist es dann soweit
ich bin vom Magendruck befreit

Hält das jemand für obszön ?
dieses kann ich nicht verstehn
denn fast jeder kennt das Plagen
mit ´nem Überdruck im Magen
hat dies Argument kein Zweck
dann schaut halt beim Lesen weg

Menschenfresser

Ich esse wirklich gern Berliner
auch Hamburger die mag ich
und ab und zu schmeckt mir ein Wiener
auch Frankfurter, ich hab Dich
zum Fressen halt sehr gern

Amerikaner allemale
doch liebe Damen, meine Herrn
Trotzdem bin ich kein Kannibale
nein, nein, so etwas liegt mir fern

-

und is auch nix für mein Gedärm

Hunger!

M trifft M

Es sprach der Müller zu dem Meier
ich kaufe mir jetzt zwanzig Eier
darauf der Meier zu dem Müller
Man - das ist ja ´n Knüller

Mücken

Sieh nur dieser Mückenschädel
Mückenmädel find ich edel
und ich klatsch sie mit der Hand
als Trophäe an die Wand

Nicht zu verbergen

Wenn die Wellen höher schlagen
ich mein die um Deinen Bauch
und es wölbt sich Dir der Magen
sieht das jeder andre auch

Soll'n se doch
sagt dein Koch

Ohne Bewährung

Nachdem das Gerichtsgebäude eingestürzt war
stellte man fest
der Beton
war ohne Bewährung

Ohne Kohle

Der Winter naht mit Riesenschritten
Die kalte Zeit ist nicht mehr fern
Ich möchte einen schönen Schlitten
Am besten vorne mit ´nem Stern

Ohne Kohle
Läuft hier nix

Die Wintersachen aus dem Schrank
Die Sonnenzeiten schwinden hin
Dafür sind nun Nächte lang
Ich möchte Feuer im Kamin

Ohne Kohle
Läuft hier nix

Ich könnte den Zylinder putzen
Damit Kopfbedeckung strahlt
Ein schöner Schal wär auch von Nutzen
Doch wo ist der, der ihn bezahlt
Denn
Ohne Kohle
Läuft hier nix

Ich brauche einen neuen Besen
Der Alte lodert vor sich hin
Er war total kaputt gewesen
Es hätte damit keinen Sinn

Ohne Kohle
Läuft hier nix

Kohle – Kohle - Kohle

Kohle brauch ich – andres nicht
Denn schließlich weiß doch jedermann
Ist Kohle gut für´s Augenlicht
Weil sonst kein Schneemann sehen kann

Pfarrer O.

Der Pfarrer O.
der war nicht froh
weil er – was klar
´ne Mumie war

Pixel

Ich sitz mit nacktem Ober-
und angezognem Unterkörper
vor dem PC
eine Schuppe rieselt wie ein Pixel
von meinem Haupt
und Überhaupt
und Unterhaupt
die wissen nicht wesganz
noch nicht einmal weshalb

Quantensprung

Ich weiß noch als ich Kleinkind war
da sprach mein liebes Elternpaar :
„Ach seht, was hat das Baby süße
winzig kleine Krabbelfüße"

Was sie jedoch dereinst so nannten
schimpfen sie heute „Käsequanten"

Regie

Er regiert
führt Regie
Frauen reagieren auf seine Anweisungen

Erik hat alles im Griff
erregiert

Runzeln

Runzel nicht so deine Stirne
das treibt dir Falten in die Birne.
(siehe Kohl)

Rezept

Kaztoffelsalat & Mauswurst
(vom singenden Katzenkoch Kater Strophe)

In vielen Mausoleen auch bekannt unter dem Namen:
Miausteller

Zutaten *[für zwei Katzen (bei wenig Hunger für vier)]*:

Salat

1 Kg *(Katzengramm)* Kaztoffeln *(Mausfest)*
1 Stück   Katzwiebel *(Mausgroß ca d-5 cm)*
3 Stück   Stichlinge *(wahlweise kleine Stiglitze)*
1 Schlecklöffel   Bachwasser *(aus NRW)*
3 geh. Pfoten   Mausscharfer Senf *(o. Delikatzdässenf)*

6 geh. Pfoten   Mausonnaise *(<u>kein</u> Miaukel Shit)*
1 geh. Pfote   Meersalz *(ohne Bemerkung)*
1 Mausspitze   Mehr-Salz *(;-)*
1 Krallenspitze   Vogeldipp *(schwarzen)*
1 Fellspitze   Paprikatz *(roten)*
100 Ml *(Mausliter)* Napfwasser *(frisches - kaltes)*

Würstchen

4 Stück   Mauswürstchen *(oder Fleder-)*
2 geh.   Maussenf *(wieder zusätzlich)*
Schlecklöffel   Katzchup *(muss aber nicht)*
2 geh.
Schlecklöffel

Zunächst schäle man mit den Krallen die Kaztoffeln und schmeiße sie anschließend in einen großen Napf mit ausreichend Wasser (Nicht die Krallen). Dann eine gehäufte Pfote Meersalz zugeben (ohne Pfote) und kochen (aber nicht vor Wut) bis die Erdäpfel - Verzeihung, Katztoffeln, gar sind. In der Zwischenzeit schon mal die Salatsauce fertig machen. Katzwiebel mit einer Kralle in kleine, Stichlinge in etwas größere Würfel schneiden und in einen Großnapf geben. Dazu ein Schlecklöffel Bachwasser aus NRW, am besten aus dem Ruhrgebiet (wegen der Kohlehydrate), drei gehäufte Pfoten mausscharfen Senf, 6 gehäufte Pfoten Mausonnaise, eine Mausspitze Salz, eine Krallenspitze Vogeldipp und eine Fellspitze Paprikatz, sowie 100 Mausliter frisches, kaltes Napfwasser einrühren. Wenn die Kaztoffeln fertig sind - abgießen, auf lauwarme Temperatur abkühlen lassen und anschließend in kleine, maximal kubikkatzengroße Würfel schneiden. Fertige Sauce hinzugeben und alles mit der Pfote (oder Ähnlichem) kräftig durchrühren.

Kalt stellen und nach etwa einer Stunde noch einmal umheben und abschmecken (ggf. etwas Mausonnaise nachgeben, wenn zu trocken, oder etwas Maussenf wenn zu laff).

Bester Geschmack nach etwa 5 Stunden unter gekühlten Bedingungen, wenn die Sauce die Kaztoffeln richtig durchzogen hat.

Man wärme dann die Mauswurst bis zur Verzehrtemperatur und serviere alles mit je einem gehäuften Schlecklöffel Maussenf und/oder Katzchup. Garnierung individuell, zum Beispiel mit Spinnen oder knackigen Asseln.

Guten Katzetit

Euer Kater Strophe

Schach

Ein kleines Schach
brettert durch den Wind
ein König
sitzt matt
am Straßenrand
und bietet Schach
Remis
doch Schach macht gerade
`ne Rochade
- Schade -

Scheiden tut gut

Körner flaksen auf meinem Teller
die Milch shaket kurz mit ihnen
schwappt dann hinüber an den Rand
und taucht sie in sich ein

Es lebe die Symbiose

Ein Löffel köppert in das Trübe
und fischt ein weichgeflakstes Korn
erhebt sich, schiebt in meinen Mund
und stillt das hungrige Gefühl

Es lebe die Vereinigung

Mein Magen knorxelt vor sich her
und drückselt rum, im Unterbau
es drängelt korngeflakste Milch
treibt mich zum Ablassörtchen

Es lebe die End-scheidung

Schmerzhaft

Schmerztabletten brauch ich nicht
denn Schmerzen haben möchte ich nicht
wenn's nötig wird und muss mal sein
nehm ich was >gegen< Schmerzen ein.

Schwarz auf weiß

Schwarz auf weiß
Warum auch nicht
Warum nicht auch
Mal Weiß auf Schwarz ?

Weiß nicht „Warum"
Sonst heißt es nur
      auch nicht
Und auch
      nicht auch

Du weißt alles !
Und was weiß ich ?

Du weist auf mich
Und sagst :
Was weißt denn du ?

Ich - weiß nichts
Doch Weiß auf Schwarz
Sieht man hier nicht
Und das geb ich dir
Schwarz auf Weiß

Doch weißt du was
Du Naseweiß
Ich schwärz dich an

Sehnsucht

Wach lieg ich in meinem Bette
denke ständig an Annette
die mit Blicken schon verführte
und mich ziemlich tief berührte
so das ich `nen Antrag machte
woraufhin sie lauthals lachte

Okay, okay ich sag es offen
ich war wohl ziemlich angesoffen

jetzt lieg ich hier, find keinen Schlaf
zähle schon das ixte Schaf
wie es die Zäune überwindet
und im dunklen Wald verschwindet
was mir jetzt fehlt weiß ich genau
nämlich diese eine Frau

Bäääh
Bäääh

Sicherheit

Ist der Gummi nicht ganz dicht
musst du wohl die Folgen tragen
denn man nimmt dich in die Pflicht
und das schlägt dir auf den Magen

drum merke dir, ich brings dir bei
und tu dir meine Weisheit kund
glaub mir zur Sicherheit nimm zwei
dann bleibt Vernaschen auch gesund

Superstar

Brösel, Schnösel, Ochsendrösel
steige schnell in deine Hösel
denn da kommt des Bauers Frau
was dann passiert, weißt du genau

Ratter, Knatter, Entenschnatter
pass bloß auf sonst wirste Vatta
und wenn der Bauer das erfährt
dann ist dein Leben nichts mehr wert

Piesel, Riesel, Liebeskiesel
lass die Hand von Bauers Liesel
sonst ist es schnell mit dir vorbei
was er dann macht, owei – owei

Smöre, döre, Knabenchöre
ach wenn er nur auf mich höre -
dieses tat er nicht der Gute
drum verlor er seine Tute

Hätt er auf meinen Rat geachtet
und lieber öfter mal geschmachtet
dann wäre er heut niemals Star
im Knabenchor, das ist doch klar

Und die Moral des Ganzen ist
das du was wichtiges vermisst
denn selbst als großer Superstar
ist nichts so schön wies früher war

Therapeutische Sitzung

Guten Abend meine sehr geehrten und sonstigen Damen und Herren.

Ich darf mich kurz vorstellen – Wurst – Dr. med. Wurst, sie können aber auch Hans zu mir sagen.

Ich bin heute hier vorgeladen worden um sie zu therapieren – ja sie haben richtig gehört.
Ich werde Ihnen aber kurz erzählen, wie es dazu kam. Und zwar stand ich, eigentlich nur wegen einer Bagatelle, vor Gericht. Ich hatte ´n bisschen Zoff mit Gerd, meinem Kumpel – ich hatte behauptet, er färbe sich die Haare – na ja, ich hab verloren. Auf alle Fälle hatte ich es dort mit einem ganz abgekochten Richter zu tun. Leider ist mir im Laufe der Verhandlung, in Bezug auf ihn, die Bezeichnung >Eierkopf< entwichen und da ist er vor Wut geplatzt.

Wie mir auch sei, zur Strafe schickte der Richter mich schließlich hier ins Therapieklinikum, quasi Sozialstunden abreißen.

Und dabei hatte ich mir noch extra, bevor ich zum Gericht musste, von Helmut die alte Freisprechanlage gekauft – aber offensichtlich war die schon zu abgenutzt – hab ich dann dem Gerd als Wiedergutmachung geschenkt.

Nun gut – ich muss mich halt dem langen verknöcherten Arm des Gesetzes beugen. Aber glauben sie nicht, das ich es deshalb auf die leichte Schulter nehme – nein, ich nehme es diesmal sogar auf die schwere Schulter.

Ich habe mich dementsprechend auf diesen Abend
vorbereitet. Ich ergründete zum Beispiel, wie das Wort
Therapie zustande kommt – und zwar so:

Therapie

Thera ist ne Insel
mit Pi beginnt man Pinsel
und >e< ist ein Vokal

Thera ist ein Eiland
und Pi ist 3,14159265358 -
der Rest ist mir egal

So, nun wissen sie es auch.
Ach noch was, rechnen sie nicht damit, das ich länger in
diesem Kreis bleibe, als unbedingt notwendig. Außerdem
wird auch mein zukünftiger Aktionsradius außerhalb dieses
Bereiches liegen.

Ich habe sie nun schon eine ganze Zeit beobachtet und mittlerweile unterschwellig begonnen ihre betretenen Mienen, bevor sie explodieren, zu therapieren, womit ich nun fortfahren will.

Also, zunächst einmal verordne ich ihnen Rotlicht – Rotlicht ist immer gut – obwohl, nein nicht immer -

hier ein Negativbeispiel:

Rotlicht

Ein Licht gegenüber
die Ampel zeigt rot
doch du gehst hinüber
und schon bist du tot

´ne drum

eventuell könnten einige der ernsten Gesichter hier, auch durch Hämorriden hervorgerufen worden sein, darum folgender Tipp:

Hämorriden

Jetzt ist Schluss mit Hämorriden
heute setzt du sie in Marsch
heute werden sie vertrieben
den sie stören dich am After

- ? - Nun, es reimt sich irgendwie nicht wirklich, aber mir
ist eben nichts passenderes eingefallen.

Da wir aber sowieso schon mal dabei sind, hier noch ein
paar Ungereimtheiten, die ich letztens zu Freunden von mir
sagte und die sicher auch den einen oder die andere hier,
wie die Faust aufs Auge treffen:

Ringe

Verlobungsringe zeigten mir
eure Liebe

Eheringe zeigten mir
eure Verbundenheit

wenn ich euch heute betrachte
sagen mir eure Augenringe
alles

Na, okay – das liegt auch manchmal an den körperlichen Veränderungen, die man im Laufe seines Hier- oder Daseins, mitmacht. Ich hatte früher auch jahrelang eine Freundin, aber schließlich habe ich mit ihr Schluss gemacht, denn leider hatte sie sich, im Laufe unserer Beziehung, ziemlich stark verändert – ihre Brüste waren zum Beispiel immer größer geworden – obwohl – okay - das lag wohl daran, das wir in die Pubertät kamen – war jetzt vielleicht ein schlechtes Beispiel.

Aber wie sie sicher schon gesehen haben, muss ich auch einige Überkilo mein Eigen nennen. Ich arbeite jedoch hart daran an paar Pfund abzugeben – oder zumindest ein paar Pennys.

Ich bade beispielsweise nur noch in Geschirrspülmittel, Geschirrspülmittel haben heutzutage hervorragende Fettlöser, kann ich nur empfehlen.

Man kann allerdings auch durch Operationen unnötigen Ballast entfernen, wie die hier stehenden Zeilen belegen sollen:

Nutzlos

Die Mandeln sind weg
der Blindarm auch
aus dem einfachen Zweck
weil ich sie nicht brauch

In der Werbung werden aber immer wieder Ballaststoffe angepriesen, dabei finde ich, wer sowieso schon zu viel wiegt, sollte solche Ballaststoffe lieber aus dem Balg lassen.

Wenn man jedoch aus Versehen doch mal was zu sich genommen hat, folgender Ratschlag:

Unten durch

Starker Kaffee der schön heiß
und dazu ein kühles Eis
in die Kehle eingeleitet
so wird Durchfall vorbereitet

Ooooh - immer wenn ich solche Zeilen schreibe, passiert Nachstehendes:

Ich spüre meine Därme
da wandert was zum Po
und in mir steigt die Wärme
ich brauche H 2 O

(Schreiberling trinkt einen Schluck Wasser)

Ahh, es geht schon wieder.

Es kann übrigens Vorteile, wie auch Nachteile mit sich
ziehen, wenn man, so wie ich, Pseudotherapeut ist.
Beispiel : Wilma Wirbel. Sie arbeitet übrigens in dem
stadtbekannten - ääääh - Massagesalon „Treibhaus". Also
letztens hatte sich diese Wilma Wirbel gleichnamigen
ausgerenkt und konnte nicht mehr laufen - und somit kam
ich ins Spiel:

Ich renkte ihr den Wirbel ein
und brachte sie zum Gehen
sie gab mir einen Euroschein
und ich konnt was erstehen

Und ich erstand
nun auch mal wieder
weil ich verspannt
vom auf und nieder
beim starken Wirbeldrücken
Massage für den Rücken

und meine steifen Glieder

Wenn man so will, war mein Honorar nur Wechselgeld
gewesen, von ihr zu mir und wieder zurück.

Übrigens bemerkte ich, als ich bei ihr war, das Wilma ein Problem mit Blasen hatte. Ich gab ihr die Adresse von einem Freund von mir, der sich schließlich ihrer annahm – zwar ein extremer Aufschneider – aber ein hervorragender Chirurg. Ich gehe schon viele Jahre mit ihm tauchen und habe oft genug gesehen wie entfernte Blasen von ihm aussehen, da gibt's nichts dran zu meckern. Also dieser Freund, Dr. Axel Nässe, hatte Wilma Wirbel ohne größere Mühe und einfach ambulant von den Blasen an Ihren Füßen befreit.

Also wenn Sie auch mal Probleme mit Blasen haben – ich kann ihnen seine Karte geben – hier, ich habe noch dieses Pik As, ist ihm letzte Woche beim Pokern aus dem Ärmel gefallen, da steht auf der Rückseite seine Adresse drauf. Allerdings finden sie die auch in den gelben Seiten - und auf den schwarzen Listen der Krankenkassen.

So, kommen wir nun zum Abschluss ihrer Sitzung.

Die letzte Darbringung ist aus dem Nächtebuch eines Patienten – Nächtebuch, weil er ausschließlich Nachts seine Zeilen nieder brachte.

Gefährliche Gedankensprünge

Mal springen sie hin
mal springen sie her
Gedanken an dich
Gedanken an mich
mal springen sie hin
mal springen sie weg
Gedanken an sie

ein Name fließt
aus meinem Mund
gedankenverloren

dein Messer springt auf
klare Gedanken sind fassungslos
du wirfst nach mir
und triffst mich voll
ich wanke
begreife im Fallen das Tischtuch
Teller, Tassen, die große Suppenschüssel
dein heißgeliebtes Meissner Porzellan
das du von deiner Mutter geerbt hast
knallt – mit mir - auf den Boden

und mit dem letzten Gedanken wird mir bewusst
du hast einen gewaltigen Sprung in der Schüssel.

Das schrieb er auf, nachdem er aus einem Alptraum erwachte. Er war ziemlich hart aus diesem Traum gerissen worden, er fiel nämlich nicht nur aus dem Bett, sondern auch auf den Kopf und bekam schließlich ein ordentliches Alphorn auf der Glatze. Dementsprechend wuchs er quasi, für eine gewisse Zeit, über sich hinaus und schrieb jenes nieder.

So, ich brauch nun wieder ein wenig Rotlicht und werde mich destarum wieder auf die Straße begeben, ich wünsche ihnen noch einen genesungsreichen Abend.

Tour

Echt super damals war´s
in Kneipen und in Bar´s
wo ich auch immer saß
bis hin zum letzten Glas
hatte ich Riesenspaß

-

bis ich den Kontoauszug las

Drum geh ich auch seither
in keine mehr
echt schwer

Zusatz:

Komm sei nicht so gemein
und lad mich doch mal ein

Untergang

Ein Gebrodel und Gezische
und die blaue Brühe stinkt
und es schwitzen alle Fische
wenn die Sonn im Meer versinkt

Vorsorge

Damit dem Bade nicht so schlecht
wenn ich mich in ihm bette
geb ich hinzu, was ihm nur recht
eine Badetablette

Warmduscher

Warmes Wasser auf `m Schädel
und dazu ein nettes Mädel
in die Dusche reingestellt
das ist meine heiße Welt

Weihnachtsmann, ich werd Dir helfen

Der Weihnachtsmann steckt im Kamin
schau ich hinein, dann seh ich ihn
der Sack ist schwarz, der Bart ist grau,
die Wangen rot, die Nase blau

Und weil der Mann um Hilfe schreit
schichte ich unten Scheit für Scheit
und mache Feuer im Kamin
damit es wärmer wird für ihn

Während von oben Flocken rieseln
beginnt der Weihnachtsmann zu pieseln
ich höre wie es leise zischt
und sehe wie die Glut verlischt

Und wohl durch dies Wassergelasse
verliert der gute Mann an Masse
rutscht tiefer bis er unten ist
worauf er sich sofort verzieht

Nicht ein Geschenk lässt er zurück
nicht mal das allerkleinste Stück
wollt mir noch nicht mal Worte gönnen
er hätt zumindest
                "Danke"
                        sagen können ...

Und die Moral von der Geschicht
Nächstes mal, helf ich ihm nicht.

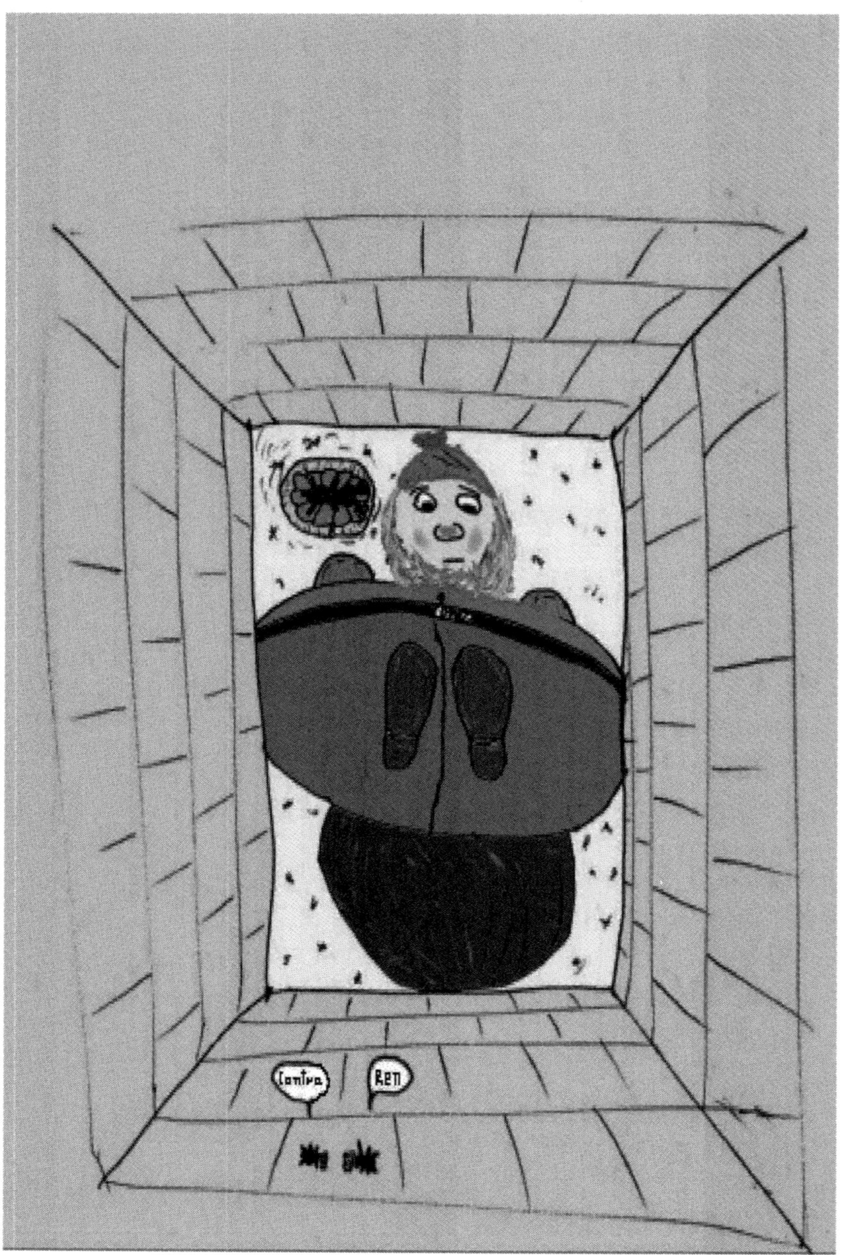

Contra
Ren

Weisheit

Treten Flüsse über die Ufer

sind sie praktisch überflüssig.

Wunsch

Sitz ich daheim auf meinem Klo
dann bin ich froh
obwohl ich hätte
gern ´ne Toilette

X für ein U

Du machst aus iXen stets ein U
und ich seh immer hilflos zu
ich würde dich so gern bekehren
ganz tief in mir ist dies begehren
will mich so gerne an dich binden
muss nur noch Wege zu dir finden

Schuhe sind dein Steckenpferd
ich hoff, das ich dein Diener werd
will dir in jeder Hinsicht nutzen
und werde deine Stiefel putzen
und wie ein Wilder alle wichsen
mach nur die Us wieder zu iXen

Ypsilon

Es war einmal ein großes I
das hörte nie
scherte sich nicht ums Alphabet
und wusste nicht mal, wo es steht

Das störte die Elite sehr
die Staben wollten es nicht mehr
und als die Is sich wieder trafen
beschloss man, jenes zu bestrafen

Sie spalteten vom I den Skalp
so das es oben halb und halb
Ich seh´s Euch an, ihr wisst es schon
So entstand - das Ypsilon

Zahnpflege

Man hört, es wäre wohl von Nutzen
sich hier und da ´nen Zahn zu putzen
das heißt wenn man noch eigne hat
die Dritten ham ein eignes Bad

Zahnweh

Mein Zahn tut weh
er muss wohl raus
das ist okay
Applaus, Applaus

Zirkus

Eine Maus mit Namen Fritz
das ist kein Witz
balancierte still und leise
über spiegelblanke Gleise

ein Zug in weiter Ferne
... sch - sch - sch - sch ...

Fritz war Künstler ohne Zweifel
aus der Eifel
schlug ein Rad mit einer Pfote
aß dabei ne Pfefferschote

und der Zug in weiter Ferne
... sch - sch - sch - sch ...

und er hatte den Spagat
auch parat
dafür bewunderte ihn stumm
das hier vertretne Publikum

und der Zug schien nicht mehr fern
... sch - sch - sch - sch ...

ein Salto Rückwärts von der Maus
und Applaus
doch war dieser kaum hören
etwas schien hier jetzt zu stören

und plötzlich
entsetzlich
ein Zuginferno brach herein
das Publikum fing an zu schrein

... tsch tsch-tsch tsch-tsch ...

die mächtigen Titangewalten
konnte selbst ein Fritz nicht halten
und -
er sprang

Gott sei dank

ß

Ich liebe Deine Brust
sie ist so weich und zart
das weckt in mir die Lust
und bring mich voll in Fahrt

ich beschreib dich immer wieder
ganz egal wie alt du bist
bring dich auf alle Flächen nieder
bis meine Tinte alle ist

Birne

Ich habe letztens ein Birne vom Baum gepflückt und mitgenommen in meine Wohnung. Und als diese sah, wie die Birne in meiner Lampe leuchtete, wurd sie ganz schön sauer, weil sie jenes eben nicht konnte. Das wiederum brachte meine Lampenbirne ziemlich aus der Fassung, woraufhin ihre Leuchte die Gelegenheit nutzte und mit einem Stromer durchbrannte. So sitze ich nun Abend für Abend mit einer fassungslosen und einer sauren Birne und kanns einfach nicht mehr mit ansehen   -   weils halt dunkel ist.

Und deshalb bin ich jetzt auch am

Ende.

Die dicksten Bauern
haben die dünnsten Pantoffeln.

Kurze Biographie

Reiner Flachs, alias Andreas *Ulrich* Sticklies, erblickte am 3.5.1962, also im letzten Jahrtausend, das Kunstlicht dieser Welt. Kaum später, kurz nach Abbruch der Kindergartenausbildung, fanden die Eltern einen Grund ihn in die Schule zu schicken, eben in die Grundschule. Nachdem man sein Haupt einigermaßen mit Wissen angereichert hatte, kam er, auf eigenen Wunsch, auf die Hauptschule, die er dann auch Abschloss - natürlich erst, nachdem er dem Hausmeister den Schlüssel entwendet hatte - nein, war jetzt nur ein Scherz. Als er schließlich erst die Schieb- und dann Kochlehre abgebrochen und ein Jahr im Berufsvorschuljahr dahingedöst hatte, lernte er den Beruf des Gas- und Wasserinstallateurs. Die Bundeswehr brachte er ohne einen einzigen Mord über die Bühne (Einschränkung - viele Mücken und Fliegen doch - aber die hatten angefangen). Einige Jahre später wechselte er den Beruf und wurde Bauer - Rohrnetzbauer. Ein paar Zyklen im Schlamm und schließlich war er zum Meister mutiert - und das isser auch heute noch.
Im Nebenleben sind so einige Vereinszugehörigkeiten, unter anderem mit ehrenamtlichen Tätigkeiten, in seinem Dasein zu verzeichnen. Veröffentlichungen fanden in allen Medienbereichen ihren Niederschlag, zum Beispiel in Zeitungen wie „WAZ", Zeitschriften wie „Die Brücke" und Büchern, wie in „ohne Titel" - ach ja und im Internet wiesowieso. Beiträge im Bürgerradio und -fernsehen, wie „Alles für die Katz" und die Aufführung eines seiner Werke von N8chtschicht, passenderweise hieß der Titel „Das Kohlerevier 2011". Mitgespielt im ZDF/ARTE - Film „Rote Glut" und Hauptrolle im Kurzfilm „Der Schmetterling".

Die Sammlung an Literarischen Preisen ist eher winzig, hier sei nur der Gewinn der „Literatour de France" aus dem Jahr 2003 erwähnt. Er hat verschiedene Lesungen in Deutschland (Europa - Planet Erde) überlebt, nämlich in Kattenfenne, Oer-Erkenschwick, Bottrop und Marl. Eigene Produkte in die Welt geschmissen, wie einen Kalender 2003 und das Hörbuch (Doppel-CD) „Tu in wann". Andreas hat im Jahr 2000 den Lyrikpreis „Lyrik 2000 S" ins Leben gerufen und zwar mit den Worten „Hallo, komm ins Leben". Seither wird dieser Preis in jedem Jahr verliehen, heißt eigentlich wird er verschenkt, aber man sagts ja so.
Er ist ein aktiver Passivraucher, boykottiert das >dass< und hat auch sonst noch sehr viele Hobbys und Interessen - aber viel zu wenig Zeit ...